Die spektakulärsten
Airbnbs
in Europa

Die spektakulärsten Airbnbs in Europa

Lifestyle
BUSSE
SEEWALD

Wahrgewordene Reiseträume für Individualisten

Die Online-Plattform Airbnb ist längst kein Geheimtipp für hartgesottene Weltenbummler mehr. Unzählige Gastgeber, gewerblich wie privat, bieten hier ihre Unterkünfte auf Zeit an, von Zimmern im eigenen Haushalt über Wohnungen bis hin zu Häusern und sogar Schlössern. Ob jung oder alt, reich oder durchschnittlich vermögend, Naturabenteurer oder Städtereisende: Wer keine Pauschalreisen mag und lieber authentisch übernachten möchte auf seinen Reisen, ist hier genau richtig. Bei Airbnb gibt es Locations in jeder erdenklichen Größe und Ausstattung, für jeden Geschmack und für jeden Geldbeutel – Kontakte zur einheimischen Bevölkerung, Geheimtipps von Insidern und einzigartige Erfahrungen inklusive!

Dieser großformatige Bildband versammelt eine Auswahl der außergewöhnlichsten, originellsten, einzigartigsten und beeindruckendsten Unterkünften, die es auf Airbnb zu finden gibt. Manche beeindrucken schon auf den ersten Blick mit ihrer schieren Größe, einer spektakulären Lage, einer gehobenen Ausstattung oder einer besonderen Bauweise; bei anderen muss man etwas genauer hinschauen, um das Besondere zu erkennen, doch dann überraschen und beeindrucken sie umso mehr.

Tauchen Sie ein in die schillernde Welt der individuellen Urlaubsreisen und entdecken Sie Europas schönste Ziele aus ungewöhnlichen Perspektiven!

P.S. Wer noch mehr wissen oder direkt buchen möchte, gelangt über die QR-Codes bei den Vorstellungen der einzelnen Unterkünfte ganz unkompliziert zur jeweiligen Airbnb-Seite.

Tage am Meer 138

UNVERGLEICHLICHE ZIELE

SCHLOSS ARENFELS

in Deutschland

WO:
Bad Hönningen,
Deutschland

VERMIETER:
Benedikt

LOCATION:
Fürstensuite / 78 m² /
Balkon / Terrasse und
Garten zur Mitnutzung

KOSTEN:
€ €

Gut geeignet für:
✓ Einzelreisende
✓ Paare
✓ Familien (in den anderen Zimmern der Location)
✓ Freundesgruppen (in den anderen Zimmern der Location)
✓ Reisende mit Haustier (in den anderen Zimmern der Location)

Anreisemöglichkeiten:
✓ Auto
✓ Zug
✓ Bus

Beste Reisezeit:
✓ ganzjährig

Im Schloss Arenfels gibt es 10 exklusive Zimmer, die alle über Airbnb angemietet werden können.

SCAN ME

Wer hat nicht schon einmal davon geträumt, hinter dicken, geschichtsträchtigen Schlossmauern in einer fürstlichen Suite zu übernachten? Das historische Schloss Arenfels liegt in einer wunderschönen Landschaft am größten Weinberg des Mittelrheins. Gastgeber Benedikt ist mit dem Blick auf das Schloss aufgewachsen – seit 2020 lebt und arbeitet er selbst hier. Benedikt hat aus dem Schloss einen Ort für besondere Events sowie ein persönlich geführtes Boutiquehotel mit zehn außergewöhnlichen Zimmern gemacht.

Im Prinzessinnenzimmer fühlen sich kleine und große Prinzessinnen wohl.

„Wer einmal ein authentisches Schloss erleben möchte, ist bei uns genau richtig."

Die Gäste schätzen besonders, dass sie wie Freunde empfangen werden und Benedikt bereitwillig Tipps zu Restaurants und Ausflügen gibt.

Der Ortskern von Bad Hönningen mit Geschäften und Restaurants ist fußläufig in 15 Minuten erreichbar. Tagsüber bieten sich Wanderungen oder Radtouren durch die Weinberge und Wälder an oder Ausflüge nach Bonn und Koblenz, um dann abends bei einem Gläschen Wein unter der Linde im großen Innenhof des Schlosses zu entspannen und auf den Rhein zu blicken.

Sich einmal wie ein echter Zauberschüler fühlen: Das Zimmer ist angelehnt an den Gryffindor-Schlafsaal aus „Harry Potter".

Schloss Arenfels – ein Ort mit einer über 750-jährigen Geschichte! Der Name leitet sich von dem Felsen ab, auf dem es im Jahr 1258 ursprünglich als Zollburg gebaut worden war. Ende des 16. Jahrhunderts zu einem Renaissanceschloss umgebaut, wurde es ab 1848 komplett im Stil der Neugotik restauriert. Seitdem hat es seinen Stil weitgehend behalten. Übrigens: Wenn die Kinder bei ihrem Aufenthalt ganz genau hinsehen, entdecken sie vielleicht das kleine Schlossgespenst Anton!

Im Himmelbett im Torzimmer lässt es sich wunderbar träumen.

Die Grafen-Suite hält drei Schlafzimmer bereit.

Entspannung pur bietet das Wellnesszimmer.

DE BOSSCHE KRAAN

in den Niederlanden

WO:
's-Hertogenbosch, Niederlande

VERMIETERIN:
Marjolein

LOCATION:
Kran / 18 m² / 1 Zimmer / Balkon

KOSTEN:
€ €

Gut geeignet für:
✓ Einzelreisende
✓ 2 Personen

Anreisemöglichkeiten
✓ Auto
✓ Zug
✓ Bus

Beste Reisezeit:
✓ ganzjährig

SCAN ME

FOXGYM

Bei Marjolein kann auch ein Boot gemietet werden, um die Gegend vom Wasser aus zu erkunden.

Am Stadtrand von 's-Hertogenbosch, direkt am Wasser, befindet sich eine ganz besondere Unterkunft: De Bossche Kraan. Aus einem Hafenkran haben Marjolein und Victor ein luxuriöses Hotel-Doppelzimmer gemacht, wunderschön möbliert und voll ausgestattet. Dazu wurde der Kran 2018 vom Sockel gehoben und die beiden haben ihn innerhalb von zwei Jahren in eine Unterkunft verwandelt, die bei allen Gästen für Begeisterungsstürme sorgt.

Besonders fasziniert die Gäste aus aller Welt, dass der Kran von seinem originalen Führerhaus aus drehbar ist – und auch vom Bett aus! Mit etwas Glück kann man also sowohl den Sonnenaufgang als auch den Sonnenuntergang vom Bett aus bestaunen – in welcher anderen Location geht das schon?!

Rund um den Kran breitet sich die Tramkade aus, ein Hafenviertel mit alten Fabrikgebäuden, in denen Cafés, Restaurants, Ateliers sowie ein Theater und ein Kino untergebracht sind. Das Stadtzentrum, in dem es zum Beispiel ein Designmuseum gibt, ist gut zu Fuß zu erreichen, oder man schwingt sich auf eines der beiden zur Unterkunft gehörenden Fahrräder.

„Wir ermöglichen unseren Gästen ein außergewöhnliches Erlebnis in unserem Hafenkran!"

„Earth Conker“ – ein kugelrunder Rückzugsort in den grünen Hügeln von Wales.

KUGELHAUS EARTH CONKER

in Wales

UNVERGLEICHLICHE ZIELE

„In unserem spektakulären ‚Earth Conker' können sich unsere Gäste wie James Bond in einer Erfindung von Q fühlen."

WO:
Powys, Wales,
Großbritannien

VERMIETERIN:
Anjana

LOCATION:
Kugelhaus / 1 Zimmer /
Kamin / Terrasse / Garten /
Außenbad

KOSTEN:
€ €

Gut geeignet für:
✓ Einzelreisende
✓ Paare
✓ Reisende mit Haustier

Anreisemöglichkeiten:
✓ Auto

Beste Reisezeit:
✓ ganzjährig

SCAN ME

Hier, inmitten des Dark Skies Park, ermöglicht der nächtliche Himmel außergewöhnliche Sternenbeobachtungen – ein Teleskop mitzubringen, lohnt sich!

Die einzigartige Earth Conker ist der perfekte Ort, um der digitalen Welt zu entfliehen. Auf einem privaten, 80 Hektar großen Anwesen in Wales gelegen, erwartet die Gäste unberührte Natur mit wilden Carneddau-Ponys, Schweinen und einer beeindruckenden Vielfalt an Vögeln.

Der Name der Location bedeutet übersetzt Erd-Kastanie – und das ist wirklich treffend für die bronzefarbene Kugel, die wie vom Himmel in diese traumhafte grüne Hügellandschaft gefallen zu sein scheint! Tatsächlich steckt

natürlich viel Arbeit dahinter. Der Designer Jag Virdie, der normalerweise für Hersteller von Luxusrennwagen wie McLaren arbeitete, dachte, er könne die Conker problemlos vor Ort bauen. Da hatte er aber die Rechnung ohne das walisische Wetter gemacht – seine Hände klebten buchstäblich fest an der Außenseite der Kugel, so kalt war es …

Im Inneren der Kugel gibt es einen winzigen Herd und Kühlschrank sowie eine Heizung. Ausgestattet mit originellen modularen Möbeln, kann die Inneneinrichtung schnell umgebaut werden, falls es zum Beispiel regnet und ein

Tisch gebraucht wird. Die Außendusche und badewanne werden mit Holzfeuer angeheizt und belohnen die Mühe mit einer atemberaubenden Aussicht.

Als Ausflüge bieten sich Wanderungen oder Radtouren an, es gibt kleine Seen zum Schwimmen in der Gegend und Möglichkeiten für Ausritte. Geschäfte für den täglichen Bedarf sind gut erreichbar. Zu den touristischen Highlights im Jahr gehören das Ludlow Food Festival, das Hay Book Festival und die Royal Welsh Show.

UNVERGLEICHLICHE ZIELE

CAMPINGBUS LEIRIA 18

in Portugal

Auf der Weltkarte im Bus an der Wand markieren alle Gäste ihren Herkunftsort.

WO:
Leiria, Portugal

VERMIETER:
Ricardo

LOCATION:
Campingbus / 40 m² / 1 Schlafzimmer / 1 Wohnzimmer / Terrasse / Außengrill / Pool / Jacuzzi / Garten / Spielplatz

KOSTEN:
€ €

Gut geeignet für:
✓ Einzelreisende
✓ Paare
✓ Familien
✓ Freundesgruppen
✓ Reisende mit Haustier

Anreisemöglichkeiten
✓ Auto

Beste Reisezeit:
✓ ganzjährig

SCAN ME

Der Bus Leiria 18 ist mehr als eine Urlaubsunterkunft – er ist ein magischer Ort, der Naturverbundenheit und Nachhaltigkeit auf einzigartige Weise vereint und Gäste aus der ganzen Welt wunschlos glücklich macht. Nicht umsonst hat Ricardos Unterkunft eine durchschnittliche Gästebewertung von 5,0!

Im Jahr 2019 hat der Bus Leiria 18 seine Endhaltestelle auf dem Land gefunden. Umgeben von duftenden Orangen-, Feigen-, Kastanien- und Walnussbäumen, steht der Bus auf einem privaten Grundstück und bietet seinen Gästen ein intensives Naturerlebnis. Vom ersten Stock aus eröffnet sich ein atemberaubender Blick auf eine weitläufige Olivenbaumlandschaft. Eine Hängematte lädt dazu ein, die sonnigen Nachmittage zu genießen und dem Gesang der Vögel zu lauschen. Zum Abkühlen geht es in den Pool oder Jacuzzi.

Ricardo, der kreative Kopf hinter diesem einzigartigen Projekt, hat den ausrangierten Bus komplett renoviert und dabei großen Wert auf Nachhaltigkeit gelegt. Eine Photovoltaikanlage sorgt für umweltfreundlichen Strom und das gesammelte Regenwasser wird für den Pool sowie zur Bewässerung der Gärten genutzt.

Nur 7 Kilometer entfernt liegt der charmante Ort Leiria, der mit Geschäften, Restaurants und Museen zum Erkunden einlädt. In der Umgebung finden sich mehrere UNESCO-Weltkulturerbestätten, darunter verschiedene alte Klöster. Der berühmte Wallfahrtsort Fátima, einige beeindruckende Burgen und Schlösser sowie der für seine hohen Wellen bekannte Nazaré-Strand sind ebenfalls gut erreichbar.

„Bei uns können Gäste ein Busticket in Richtung Erholung buchen."

WASSERTURM WIEŻA GNIEŹNO

in Polen

WO:
Gniezno, Polen

VERMIETERIN:
Weronika

LOCATION:
Wasserturm / 22 m² /
1 Zimmer / Garten

KOSTEN:
€

Gut geeignet für:
✓ Einzelreisende
✓ Paare
✓ Familien (in den anderen Wohnungen der Location)

Anreisemöglichkeiten:
✓ Auto
✓ Zug
✓ Bus

Beste Reisezeit:
✓ ganzjährig

SCAN ME

Der Wasserturm ist ein bekanntes Wahrzeichen von Gniezno, einer der ältesten Städte Polens. Er bietet seit 2023 dank Weronika und ihrer Familie eine einzigartige Übernachtungsmöglichkeit. Nach dem Kauf arbeiteten die neuen Besitzer monatelang, um den Turm von Grund auf zu renovieren. Die runden Wände und alten Holzelemente stellten eine besondere Herausforderung dar, doch die Mühe hat sich gelohnt: Sie schaffen eine einzigartige Atmosphäre, die die Gäste vollauf begeistert!

Erbaut in den Jahren 1888/1889, versorgte der Wasserturm in den 1930er-Jahren etwa 70 Prozent der damals 30.000 Einwohner zählenden Stadt Gniezno mit Wasser. In seinem Inneren befanden sich Diensträume, eine Verwaltungs- und Wohnebene sowie, ganz oben, ein großer Wassertank. Im Jahr 1980 wurde der Turm stillgelegt, doch nun erstrahlt er in neuem Glanz und mit neuer Funktion.

Der Wasserturm beherbergt drei charmante Wohnungen, treffend benannt als „Turm", „König" und „Königin", die mit ihrem einzigartigen Charakter für einen märchenhaften Aufenthalt hinter den dicken Mauern sorgen. Auch die Umgebung macht den Aufenthalt besonders abwechslungsreich: Die Stadt Gniezno lockt mit ihrem reichen Angebot Geschichts- und Kulturinteressierte an und bietet zahlreiche Freizeitmöglichkeiten. Zudem laden die vielen umliegenden Seen zur Erholung ein.

„Wieża Gniezno' ist ein wahr gewordener Traum für uns."

Die Wände sind mit vergrößerten Fotos des Turms von vor 100 Jahren gestaltet.

Der Name des Anwesens wird erstmals im Jahre 1353 erwähnt.

WASSERSCHLOSS TEN TORRE

in Belgien

WO:
Oedelem, Belgien

VERMIETERIN:
Nele

LOCATION:
Wasserschloss / 8 Schlafzimmer / 1 Wohnzimmer / 7 Badezimmer / Kamin / Balkon / Terrasse / Park

KOSTEN:
€ € € €

Gut geeignet für:
✓ Familien
✓ Freundesgruppen

Anreisemöglichkeiten:
✓ Auto
✓ Zug
✓ Bus
✓ Flugzeug

Beste Reisezeit:
✓ ganzjährig

„Wir wünschen unseren Gästen eine märchenhafte Zeit in unserem Wasserschloss!"

SCAN ME

TEN TORRE

Wer eine außergewöhnliche und luxuriöse Unterkunft sucht, findet im Wasserschloss Ten Torre das perfekte Refugium. Vor rund 200 Jahren erbaut und 2019 vollständig saniert, präsentiert sich das historische Schloss heute als idyllisches Feriendomizil für bis zu 22 Personen. Die Einrichtung bildet eine ausgewogene Mischung aus antiken Möbeln und Kunstwerken, die bereits vorhanden waren, sowie modernen Elementen, die großen Komfort bieten. So können sich die Gäste wahrlich wie Könige fühlen!

Acht luxuriöse Schlafzimmer, sieben Bäder, Wohnräume und eine perfekt ausgestattete Küche stehen den Gästen zur Verfügung.

Eine lange, herrschaftliche Zufahrt führt die Gäste zu dem quadratischen Bauwerk mit seinen markanten sechseckigen Türmen an jeder Ecke. Dieser Anblick lässt einen sofort an alte Märchen denken. Ten Torre liegt inmitten einer weitläufigen Naturkulisse und ist umgeben von einem Wassergraben und mehr als 10 Hektar privatem Garten, Park und Wald. Der älteste Baum im Park ist schon über 500 Jahre alt.

Der berühmte, angrenzende Ryckevelde-Wald lädt zu ausgedehnten Wanderungen oder Radtouren ein. Die Nähe zu touristischen Attraktionen wie Brügge, Damme, Gent, Antwerpen und die belgische Küste ermöglicht abwechslungsreiche Tagesausflüge. Eine weitere Besonderheit der Region ist übrigens die hohe Dichte an mit Michelin-Sternen ausgezeichneten Restaurants. Und auch Ten Torre kann mit allerbesten Bewertungen der Gäste punkten!

KIRCHE DE KRAAK VAN VAN DAM

in den Niederlanden

WO:
Oosterbierum,
Niederlande

VERMIETER:
Paul

LOCATION:
Kirche / 5 Schlafzimmer / 1 Wohnbereich / Terrasse / Balkon / Garten

KOSTEN:
€ € €

Gut geeignet für:
✓ Paare
✓ Familien
✓ Freundesgruppen
✓ Reisende mit Haustier

Anreisemöglichkeiten:
✓ Auto
✓ Bus

Beste Reisezeit:
✓ ganzjährig

SCAN ME

Übernachten in einer Kirche, das geht? Ja, die Ferienunterkunft De Kraak van Van Dam bietet genau diese außergewöhnliche Möglichkeit! Mit der alten Kanzel und der originalen Kirchenorgel unter dem beeindruckenden Tonnengewölbe bewahrt dieses Ferienhaus seinen historischen Charakter.

Der Begriff Kraak bezeichnet die Empore in einer Kirche, auf der die Orgel steht. Die Familie Van Dam, renommierte Orgelbauer, schuf das Instrument in dieser kleinen Dorfkirche. Wer also auf der Empore neben der Orgel übernachtet, schläft buchstäblich auf „de Kraak van Van Dam".

Ein Highlight sind die wechselnden Kunstobjekte aus der Galerie De Vis in Harlingen, die bei jedem Besuch neue Entdeckungen ermöglichen.

Der Kirchenraum selbst lädt zu Kontemplation und Kreativität ein. Hier fanden bereits Maler, Yogalehrer und ein Chor Inspiration, und aufgrund der hervorragenden Akustik wurde hier sogar einmal eine Jazz-CD aufgenommen.

Paul gibt seinen Gästen gern maßgeschneiderte Tipps für Ausflüge, wie diesen: Die historische Akademiestadt Franeker beeindruckt mit dem ältesten funktionierenden Planetarium der Welt – ein absolutes Must-see! Und nur 2 Kilometer entfernt wartet das Weltnaturerbe Wattenmeer darauf, erkundet zu werden.

„De Kraak van Van Dam" ist mehr als nur ein Ferienhaus. Es ist ein Ort der Ruhe und Kreativität, reich an Geschichte und künstlerischem Flair."

ORTE DES RÜCKZUGS

ORTE DES RÜCKZUGS

GLASS COTTAGE

auf Island

Dieses Glashaus auf Island ist mehr als nur eine Unterkunft: Es ist ein Erlebnis, das man nie vergessen wird. Seit 2021 thront es wie ein Juwel auf schwarzem Sand in einer atemberaubenden Lavawüste im Süden Islands. Ein kleiner Fluss fließt vorbei, Vulkane erheben sich im Hintergrund – ein Szenario, das direkt aus einem Film stammen könnte. Kein Wunder, dass bereits einige Prominente diesen einzigartigen Rückzugsort für sich entdeckt haben (Namen werden natürlich nicht verraten). Hier kann jeder Gast die Hauptrolle in seinem eigenen (Urlaubs-)Abenteuerfilm spielen.

Die Möbel wurden liebevoll gefertigt aus Treibholz, das an den Stränden von Ísafjörður gesammelt wurde.

„Unsere Gäste verbringen eine unvergessliche Zeit in einem ökologischen Ferienhaus aus Glas und Holz im Herzen einer Lavawüste."

Mit etwas Glück können die magischen Nordlichter direkt vom Bett aus bewundert werden.

WO:
Hella, Island

VERMIETER:
Arilíus

LOCATION:
Glashaus / 24 m² /
1 Zimmer / Terrasse /
Whirlpool

KOSTEN:
€ € € €

Gut geeignet für:
✓ Einzelreisende
✓ Paare
✓ Reisende mit Haustier

Anreisemöglichkeiten:
✓ Auto
✓ Hubschrauber

Beste Reisezeit:
✓ ganzjährig

SCAN ME

Im Haus finden die Gäste alles, was sie brauchen, und nichts, was sie nicht brauchen. Die Sonne während des Tages dient als Hauptwärmequelle, zusätzlich gibt es eine Wärmepumpe und einen eigenen Brunnen, dessen Wasser eines der reinsten der Welt ist.

Gastgeber Arilíus ließ sich von seinem Respekt gegenüber der Natur inspirieren, als er das Haus geplant hat. Die Errichtung war ein Abenteuer für sich: Als Arilíus und sein Team das Haus mit einem Lastwagen mit Kran anlieferten, wurden sie von einem vier Meter hohen Schneehaufen an der Stelle überrascht, wo eigentlich der Eingang zu dem Haus hinkommen sollte. Es dauerte einen ganzen Tag, bis sie die Fundamente in der zugeschneiten Lavawüste wiedergefunden und freigelegt hatten.

Die Umgebung des Glashauses lädt zu zahlreichen Entdeckungen ein: Beeindruckende Wasserfälle, dampfende Geysire, endlose schwarze Sandstrände und Vulkane wollen erkundet werden. Abenteuerlustige können Hundeschlittenfahrten genießen und die beliebte Sightseeing-Route „Golden Circle" ist ebenfalls in erreichbarer Nähe.

Jede Jahreszeit verleiht dem Glashaus einen ganz eigenen Charme.

ŻEN-COTTAGE

in Polen

WO:
Krogulec, Polen

VERMIETERIN:
Patrycja

LOCATION:
Hütte / 60 m² / 1 Schlafzimmer / 1 Wohnzimmer / Kamin / Terrasse / Garten

KOSTEN:
€

Gut geeignet für:
✓ Einzelreisende
✓ Paare
✓ Familien
✓ Freundesgruppen
✓ Reisende mit Haustier

Anreisemöglichkeiten:
✓ Auto
✓ City Bus

Beste Reisezeit:
✓ ganzjährig

SCAN ME

„Jawa czy sen?" – „Ist es ein Traum oder die Wirklichkeit?"

Über Patrycja können auch Massagen vor Ort gebucht werden – die perfekte Ergänzung zu dieser Location, die Entspannung und Frieden atmet.

Mitten auf einer Wiese im „Tal der Gärten und des Schlosses", zwischen dem Riesengebirge und dem Landschaftspark Rudawy Janowickie, liegt das Cottage Jawa czy Zen. In ihrem frei stehenden Haus hat Patrycja Naturverbundenheit mit modernem Komfort und stilvoller Einrichtung wunderbar verbunden. Umgeben von Wald und weitläufigen Wiesen und mit einem atemberaubenden Ausblick auf die Berge ist dies ein Ort der Ruhe und Inspiration.

Mit einer Tasse Kaffee am Morgen startet der Tag auf der weitläufigen Terrasse, der Abend klingt dort am Grill aus. Frostige Winterabende am Kamin werden mit dem Blick auf schneebedeckte Berge gleich noch einmal so gemütlich. Der Wald und die Umgebung laden zum Wandern, Radfahren, Schwimmen, Reiten oder Skifahren ein, Restaurants und Geschäfte finden sich in der Nähe.

Der Name der Unterkunft, Jawa czy Zen, ist inspiriert vom polnischen Sprichwort „Jawa czy sen?", „Ist es ein Traum oder die Wirklichkeit?", und weit mehr als nur ein Wortspiel: Angelehnt an die Zen-Meditation, ist er eine Einladung, die Grenzen zwischen Scheinwelt und Realität zu erkunden und die Wirklichkeit ganz bewusst und in all ihrer Schönheit zu erfahren.

ORTE DES RÜCKZUGS

Die Gäste haben die 3.200 m² große Insel für sich allein.

TRADITIONELLE MÖKKI

in Finnland

WO:
Kuopio, Finnland

VERMIETER:
Thomas

LOCATION:
3 Blockhütten / 2 Schlafzimmer / 1 Wohnzimmer mit Küche / Terrassen / Sauna mit Seeblick

KOSTEN:
€ €

Gut geeignet für:
✓ Einzelreisende
✓ Paare
✓ Familien
✓ Reisende mit Haustier

Anreisemöglichkeiten:
✓ Auto
✓ Zug
✓ Bus
✓ Flugzeug

Beste Reisezeit:
✓ Frühling
✓ Sommer
✓ Herbst

SCAN ME

Urlaub auf einer eigenen Insel – damit dieser Traum wahr werden kann, hat Thomas im Jahr 2016 mit viel Liebe und Sorgfalt die Altbauten von drei Mökki (Blockhütten) auf einer kleinen Insel im See vor der Kleinstadt Kuopio Stück für Stück entkernt und von Grund auf neu aufgebaut. Ziel war es, den ursprünglichen Charakter der traditionellen Mökki zu bewahren. Strom oder Leitungswasser waren also ein klares No-go, zudem sind alle Hütten komplett aus Holz, kombiniert mit anderen natürlichen Materialien aus Finnland. Wie schön, dass Thomas seine Insel Gästen überlässt, wenn er selbst nicht dort ist.

Hier heizt man den Holzherd für den morgendlichen Kaffee selbst an und spaltet das Holz dafür eigenhändig. Jede Ressource, ob Holz oder Trinkwasser, wird bewusst genutzt und geschätzt. Entschleunigung lautet das Motto.

Die Insel heißt Nuottisaari, „Noteninsel". Sie erhielt den Namen aufgrund ihrer Form, die an eine Musiknote erinnert, und bietet eine einzigartige Nähe zur Natur. Der See und die Umgebung sind nahezu unberührt: Singschwäne, Fischotter, Gänsesäger oder

„Ich habe den perfekten Ort gefunden, um die finnische Natur zu genießen, und bin glücklich, ihn mit meinen Gästen zu teilen."

Rohrdommeln können beobachtet werden, ab und an schwimmt sogar ein Elch vorbei. Die Geräusche, das Licht und die Ruhe sind unvergleichlich.

Übrigens: Was hat Nuottisaari mit der Cheops-Pyramide gemeinsam? Die Bauten sind exakt nach der Sonne ausgerichtet. Zur Mittsommernacht läuft die Sonne am Horizont entlang, ohne unterzugehen – ein absolut spektakulärer Anblick! Schönere Sonnenuntergänge hat Thomas in Finnland noch nicht erlebt.

Das Ruderboot ist die Verbindung zur Außenwelt.

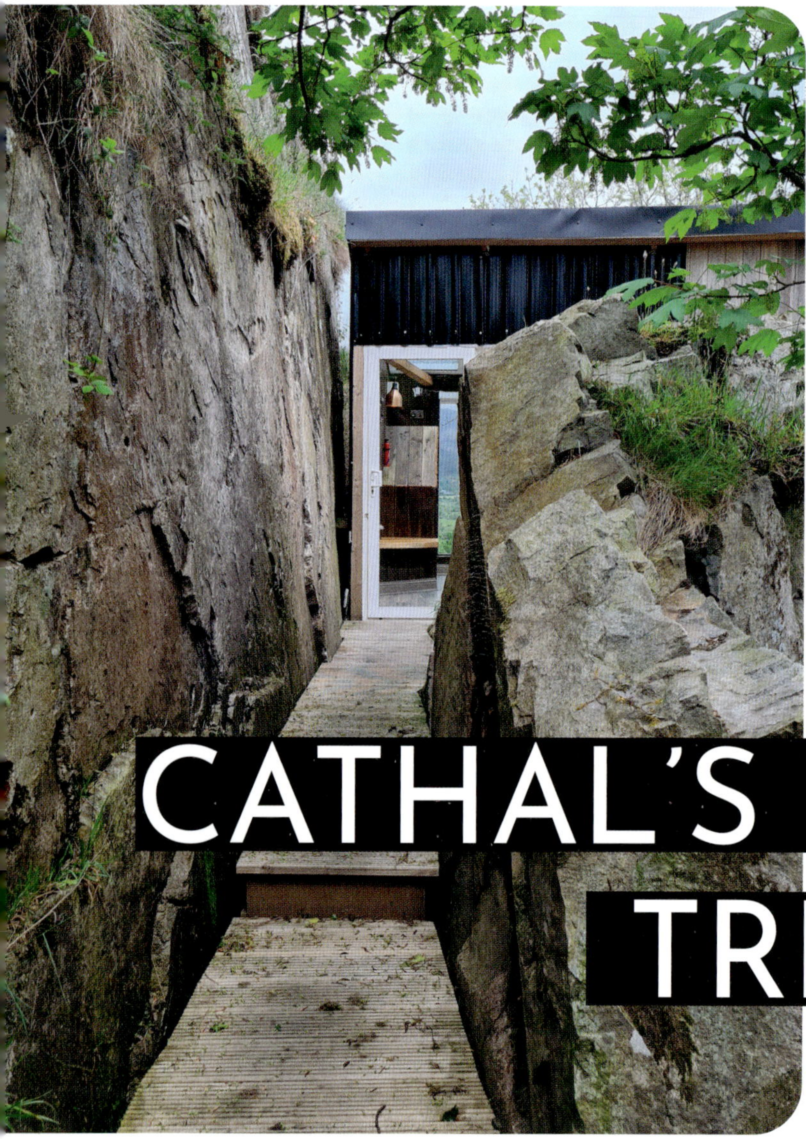

CATHAL'S BALANCE TREEHOUSE

in Nordirland

WO:
Armagh, Nordirland

VERMIETERIN:
Cathal

LOCATION:
Baumhaus / 1 Schlafzimmer / 1 Wohnzimmer / Terrasse / Balkon / Kamin / Whirlpool / Außendusche / Seilbrücke

KOSTEN:
€ € €

Gut geeignet für:
✓ Einzelreisende
✓ Paare
✓ Freundesgruppen

Anreisemöglichkeiten:
✓ Auto

Beste Reisezeit:
✓ ganzjährig

SCAN ME

„Cathal's Balance Treehouse" ist ein einzigartiges Versteck in den Baumkronen. Ausschließlich erreichbar über eine Seilbrücke, erwartet die Gäste eine Unterkunft mit allen modernen Annehmlichkeiten, wie zum Beispiel einer sprachgesteuerten Beleuchtung und einem Beamer. Seit dem Jahr 2022 sind alle Gäste hellauf begeistert von ihrem Aufenthalt dort, der durch Cathals herausragende Gastfreundschaft unvergesslich wird.

Als Cathal die Idee zu diesem Bauprojekt hatte, hielten ihn alle für verrückt und glaubten nicht daran, dass er es je fertigstellen würde. Aber nach 3,5 Jahren hatte er das Baumhaus an die Felsen gebaut – und mittlerweile finden alle, dass das eine tolle Idee war!

Das Balance Treehouse ist umgeben von endlosen Wander- und Spazierwegen in den umliegenden Bergen. Mit einem atemberaubenden Blick auf Felsen und heidebewachsene Hügel lädt es dazu ein, sich in die Outdoor-Hängematte zu legen, die frische Luft zu atmen und die Natur in vollen Zügen zu genießen.

„Ich wollte ein Baumhaus bauen, das den Zauber meiner Kindheit einfängt und auch Erwachsenen Spaß macht!"

Ein besonderes Highlight ist das Super-Kingsize-Bett unter dem Glasdach, von dem aus man den Sternenhimmel bewundern kann.

Der Esstisch kann draußen oder im Iglu aufgestellt werden. Es ist möglich, bei Mette ein Frühstücks- und ein Grillpaket zu bestellen.

GLAS-IGLU TRONES EYE

in Norwegen

WO:
Trones, Norwegen

VERMIETERIN:
Mette

LOCATION:
Glas-Iglu / 1 Zimmer / WC-Hütte

KOSTEN:
€ €

Gut geeignet für:
✓ Einzelreisende
✓ Paare
✓ Familien

Anreisemöglichkeiten:
✓ Auto

Beste Reisezeit:
✓ ganzjährig

SCAN ME

„Trones Eye" bietet einen traumhaften 360-Grad-Blick auf den Fjord, den Himmel und den Wald."

Wie ein großes Auge sieht Mettes Glas-Iglu von oben aus, daher auch der Name, Trones Eye. Es befindet sich beim Ort Trones auf einer Halbinsel im Trondheimfjord und bietet ein außergewöhnliches Glamping-Erlebnis inmitten der fantastischen norwegischen Natur. Dabei ist es im Inneren des Iglus sehr komfortabel, denn es ist ausgestattet mit luxuriösen Betten, einer Heizung und allem, was es sonst noch braucht für eine traumhaft schöne Nacht.

Das Iglu ist mit Sonnenschutzrollos ausgestattet, die sowohl die Privatsphäre gewährleisten als auch eine Überhitzung verhindern.

Eine Nacht im Trones Eye ist auch im Winter ein zauberhaftes Erlebnis.

Eine schwedische Studie hat gezeigt, dass 72 Stunden in einer Glashütte in der Natur Stress reduzieren können: Bei den Teilnehmern der Studie war das Stresslevel danach um 70 Prozent gesunken. Und dieses Phänomen erlebten auch schon viele Gäste von Mette, die von ihrem Aufenthalt im liebevoll eingerichteten Glas-Iglu schwärmen. Hier kann man dem Alltag entfliehen und ganz in die Natur eintauchen, den

Blick auf die Fjordlandschaft genießen und dem Singen der Vögel lauschen.

In der Nähe gibt es mehrere ausgewiesene Wanderwege, wie zum Beispiel den historischen Gamle kongeveg, den „alten Königsweg", dessen Wurzeln bis in die Zeit der Wikinger zurückreichen. Passend dazu gibt es in Stiklestad ein Wikingermuseum. Es können außerdem Fahrräder gemietet oder weitere Outdoor-Aktivitäten unternommen werden. Und am Abend bildet einer der atemberaubenden Sonnenuntergänge das Abschluss-Highlight eines durch und durch entspannenden Tages.

WO:
Calvi, Korsika, Frankreich

VERMIETER:
Mauro und Carole

LOCATION:
Höhle / 7 m² / 1 Schlafzimmer / Terrasse / Garten

KOSTEN:
€ €

Gut geeignet für:
✓ Einzelreisende
✓ Paare
✓ Reisende mit Haustier (auf Anfrage)

Anreisemöglichkeiten:
✓ zu Fuß

Beste Reisezeit:
✓ Frühling
✓ Sommer
✓ Herbst

SCAN ME

HÖHLE DER SCHIFFBRÜCHIGEN

in Frankreich

ORTE DES RÜCKZUGS

Die „Höhle der Schiffbrüchigen" eignet sich hervorragend, um die korsische Tradition des Nickerchens zu genießen.

Der Ausblick aufs Mittelmeer begeistert die Gäste zu jeder Tageszeit.

Ein sportlicher Spaziergang von 500 Metern durch die duftende Macchia führt zur „Höhle der Schiffbrüchigen", einem außergewöhnlichen Rückzugsort direkt über dem Meer. Die Höhle ist wahrscheinlich eine der nachhaltigsten Unterkünfte des Mittelmeerraums. Hier gibt es nur das Wesentliche: ein gemütliches Doppelbett, eine Terrasse im Schatten der Wacholderbäume, eine Solardusche und eine Trockentoilette. Elektrische Beleuchtung? Fehlanzeige. Stirnlampen sind ein Muss, um den Charme dieses minimalistischen Paradieses voll zu erleben.

Das Frühstück wird geliefert, ebenso wie frische Produkte aus dem Garten der fürsorglichen Gastgeber und Eier von ihren eigenen Hühnern. Mauro und Carole stellen sich gerne vor, dass dieser Ort einst den legendären Odysseus auf seiner Abenteuerreise beherbergte. Die steilen, felsigen Platten, die von der Höhle zum Meer führen, stellen heute ein kleines Abenteuer für die Gäste dar.

In der Nähe locken die Stadt Calvi und die Region Balagne mit ihrem Reichtum an kulturellen und historischen Attraktionen. Wandern, Radfahren, Schwimmen und Schnorcheln sind nur einige der sportlichen Aktivitäten, die auf die Gäste warten. Die Umgebung bietet auch Weinberge und Käsereien für kulinarische Entdeckungen.

„Die ‚Höhle der Schiffbrüchigen' ermöglicht es unseren Gästen, wie Robinson Crusoe darüber nachzudenken, was im Leben wirklich wichtig ist."

ORTE DES RÜCKZUGS

HAUSBOOT HAVELZAUBER

in Deutschland

„So schnell wie auf dem Wasser entschleunigt man nirgends."

WO:
Werder (Havel), Deutschland

VERMIETERIN:
Anne

LOCATION:
Hausboot / 50 m² / 1 Schlafzimmer / 1 Wohnküche / Terrasse / Beiboot

KOSTEN:
€ € €

Gut geeignet für:
✓ Einzelreisende
✓ Paare
✓ Familien
✓ Reisende mit Haustier

Anreisemöglichkeiten:
✓ Auto
✓ Zug
✓ Bus
✓ zu Fuß

Beste Reisezeit:
✓ Frühling
✓ Sommer/Spätsommer

Anne empfiehlt einen Aufenthalt im Mai, da man dann schon warme Tage genießen kann und noch recht allein auf dem Wasser ist, während die Natur gerade erwacht.

Ahoi! Mit dem Hausboot Havelzauber geht es auf eine Reise, die mit nichts zu vergleichen ist. Die Nähe zur Natur, die Begegnung mit Tieren und die unglaubliche Ruhe sorgen sofort für Erholung vom Alltagsstress. Besonders praktisch: Für das Führen des mit einer Solaranlage ausgestatteten Hausbootes ist kein Bootsführerschein erforderlich.

SCAN ME

Die liebevoll gestalteten 48 Quadratmeter Wohlfühlfläche werden wunderbar ergänzt durch die große Badeterrasse, die zum Entspannen einlädt. Aber auch wenn man sportlich aktiv sein möchte, hat man viele Möglichkeiten, von Kanufahren über Schwimmen und Surfen bis zu Stand-up-Paddling.

Für einen Landgang empfiehlt Anne die Insel Werder, die bekannt ist für ihre malerische historische Altstadt und ihr südliches Flair. Hier gibt es zum Beispiel das nördlichste Weinanbaugebiet Europas und das Baumblütenfest im Frühjahr, das jedes Jahr ein Besuchermagnet ist.

URBANE
ABENTEUER

DESIGNER-WOHNUNG

in Dänemark

WO:
Kopenhagen, Dänemark

VERMIETER:
Nikolaj
Instagram: @nikolajpaaby

LOCATION:
181 m² / 3 Schlafzimmer / 3 Wohnräume / Balkon & ein kleiner Hof

KOSTEN:
€ € €

Gut geeignet für:
✓ Einzelreisende
✓ Paare
✓ Familien
✓ Freundesgruppen

Anreisemöglichkeiten
✓ Auto
✓ Zug
✓ Bus
✓ Flugzeug

Beste Reisezeit:
✓ ganzjährig

SCAN ME

Wenn sie nicht gerade vermietet ist, wohnt Gastgeber Nikolaj selbst in seiner grandiosen, exklusiven Designerwohnung mit drei Schlafzimmern – und wer könnte ihm das verdenken?! Er hat sie farbenfroh und dekorativ eingerichtet, jeder Raum ein Unikat, mit viel Kunst, Vintage-Möbeln und -Lampen sowie besonderen Dekorationsstücken.

Seit 2022 sind Gäste aus der ganzen Welt begeistert von dieser wunderschönen Wohnung und ihrer Lage im belebten Kopenhagener Viertel Vesterbro, laut Nikolaj das beste Stadtviertel mit

„Ich habe versucht, meine Wohnung zu einer Freude für das Auge und zu einer Wohltat für die Seele zu machen."

zahlreichen Bäckereien, Geschäften, Restaurants und öffentlichen Parks. Nikolaj hat für seine Gäste ein Guidebook erstellt und gibt ihnen auch gerne persönliche Tipps. Das Stadtzentrum von Kopenhagen befindet sich in Laufentfernung.

Kopenhagen selbst zählt zu den lebenswertesten Städten der Welt und besticht durch einen Mix von historischen Bauwerken und moderner Architektur. Das Stadtbild ist geprägt von der einzigartigen Lage am Meer, Fahrrädern und zahlreichen entspannten Cafés und Restaurants.

Das Gebäude beherbergt eines der ältesten noch existierenden Wohnungskollektive in Kopenhagen.

URBANE ABENTEUER

Der Salon besticht durch seine hervorragende Akustik.

JUGENDSTIL-WOHNUNG

in Ungarn

WO:
Budapest, Ungarn

VERMIETER:
Stephen

LOCATION:
Wohnung / 152 m² / 3 Schlafzimmer / 1 Wohnzimmer mit Konzertflügel

KOSTEN:
€ €

Gut geeignet für:
✓ Einzelreisende
✓ Paare
✓ Familien
✓ Freundesgruppen

Anreisemöglichkeiten:
✓ Auto
✓ Zug
✓ Bus
✓ Flugzeug

Beste Reisezeit:
✓ ganzjährig

SCAN ME

„Ich lade meine Gäste herzlich zu einer Reise in die Zeit des Jugendstils ein."

Die Fassade wurde von Ungarns berühmtem Jugendstil-Künstler Miksa Róth gestaltet und zeigt in Mosaikbildern die vier Jahreszeiten.

Diese einzigartige Jugendstilwohnung in Budapest ist ein wahres Juwel. Liebevoll im Originalstil erhalten, beschenkt sie die Gäste mit einem unvergleichlichen Wohnerlebnis und zahlreichen architektonischen Highlights wie prachtvollen Buntglasfenstern, kunstvollen Holzornamenten, Mosaik- und Parkettböden. Der beeindruckende Salon ist ausgestattet mit einem Konzertflügel, der die Gäste dazu einlädt, selbst zu spielen oder privaten Konzerten einer Profipianistin zu lauschen, die über Stephen gebucht werden können. So eine Gelegenheit gibt es sicher nicht oft in einer Ferienunterkunft!

So begeistert diese Unterkunft seit 2012 Gäste aus aller Welt und wurde bereits über 500 Mal vermietet. Die Gäste beschreiben ihren Aufenthalt als „Zeitreise" in eine glanzvolle Epoche und schätzen zudem die atemberaubende Aussicht auf Budapest. Stephen ist ein fantastischer Gastgeber, der bei Fragen jederzeit erreichbar ist und wunderbare Restaurantempfehlungen gibt. Sein Leibgericht sind übrigens Somlói Galuska, ungarische Dessertknödel – luxuriös, reichhaltig und geschichtsträchtig, genau wie sein Appartement!

Im klassischen 5. Bezirk gelegen, bietet diese Wohnung eine ideale Ausgangslage für alle wichtigen Sehenswürdigkeiten in Budapest. Innerhalb kurzer Zeit erreicht man das Museumsviertel, das jüdische Viertel und die prachtvolle Andrassy-Allee, die Donau und den Stephansdom.

APPARTEMENT KAI'S KITCHEN

in Frankreich

WO:
Paris, Frankreich

VERMIETER:
Kai

LOCATION:
Appartement / 30 m^2 / 1 Schlafzimmer / voll ausgestatte Küche mit Essbereich für 12 Personen / Terrasse

KOSTEN:
€ €

Gut geeignet für:
✓ Einzelreisende
✓ Paare

Anreisemöglichkeiten:
✓ Auto
✓ Zug
✓ Bus
✓ Flugzeug

Beste Reisezeit:
✓ ganzjährig

SCAN ME

Als leidenschaftlicher Food-Liebhaber hat Kai in Paris einen einzigartigen Raum für sich selbst und andere Feinschmecker geschaffen. Seine stilvolle, perfekt ausgestattete „Küche mit Wohnung" befindet sich in einem der angesagtesten Viertel von Paris. Der einladende, 3 Meter lange Holztisch bietet Platz für bis zu zwölf Personen, denn Kai liebt es, nach der Arbeit Freunde zu bekochen und mit ihnen gemütliche Abende zu verbringen. Nach einem Cocktailempfang auf der großen Terrasse gibt es dann zum Beispiel Schwertmuschel-Tartar, das Kai besonders gern zubereitet.

„Kai's Kitchen" ist der einzige Ort, an dem ich wunschlos glücklich bin."

„Kai's Kitchen" ist einmalig für Menschen, die sich im Paris-Urlaub auch kulinarisch austoben möchten.

Zur Idee für „Kai's Kitchen" kam es, als Kai mit seiner Familie nach 15 Jahren von Paris nach Australien, in die Heimat seiner Frau, gezogen ist. Er machte sich auf die Suche nach einer kleinen Wohnung in der Nähe seines Büros als Stützpunkt in Paris und wusste bei der Besichtigung dieses Appartements sofort, was er daraus machen wollte. Da Kai die Hälfte des Jahres in Australien verbringt, ist es nur logisch, die Küche in den Zwischenzeiten über Airbnb zu vermieten. Welch ein Glück für die Gäste aus aller Welt, aber auch für Einheimische, die gern ihre Feiern in dieser außergewöhnlichen Location ausrichten.

Von seinen Gästen wird immer auch die tolle Lage der Wohnung hervorgehoben: zentral, in großer Nähe zu drei Wochenmärkten und – dank Metrostation – zu allen Sehenswürdigkeiten in dieser pulsierenden Stadt.

Das kleine Badezimmer ist im charmanten Retro-Stil eingerichtet.

MAGICAL STUDIO

in Polen

WO:
Warschau, Polen

VERMIETER:
Michal

LOCATION:
Studio / 33 m² / 1 Wohn- und Schlafzimmer

KOSTEN:
€

Gut geeignet für:
✓ Einzelreisende
✓ Paare
✓ Familien
✓ Reisende mit Haustier

Anreisemöglichkeiten:
✓ Auto
✓ Zug
✓ Bus
✓ Flugzeug

Beste Reisezeit:
✓ ganzjährig

SCAN ME

Der traumhafte Blick über die Dächer der Altstadt und ins Grüne veranlasste Michal zum Kauf der Wohnung.

„In der magischen Altstadt von Warschau konnte ich einen Traum aus meiner Kindheit zum Leben erwecken."

Im historischen „Haus des Professors", im Herzen der Warschauer Altstadt gelegen, befindet sich Michals Magical Studio. In dem ikonischen Gebäude, das im Jahr 1633 als Getreidelager erbaut wurde, wohnten von 1918 bis 1939 berühmte polnische Professoren der Warschauer Universität. Jetzt können Michals Gäste von hier aus auf Entdeckungsreise gehen – alles, was Warschau zu bieten hat, ist von seinem Studio aus gut zu erreichen. Das Königsschloss erreicht man zum Beispiel in nur 5 Minuten zu Fuß durch die engen Gassen der Altstadt.

Mit der Hilfe eines Freundes, der ein talentierter Architekt ist, verwandelte Michal dieses Studio in einen äußerst stilvoll eingerichteten Rückzugsort für seine Gäste. Die zeigen sicih durchweg begeistert von der Unterkunft, genießen den wunderschönen Hof und Garten und die Ruhe im Stadtviertel.

Wie es zum Namen Magical Studio kam? Michal hatte als Kind einen immer wiederkehrenden Traum, in dem er über die Dächer der Warschauer Altstadt flog. Als er im Jahr 2019 das Studio mit Blick auf die Weichsel besichtigte, erinnerte er sich an diesen Traum und geboren war die Idee, das Studio zu einem magischen Ort für Gäste zu machen. Es gibt übrigens zwei Eingänge ins Haus: Auf der einen Seite befindet sich die Wohnung im 1. Stock, auf der anderen im 4. Stock – wenn das nicht wirklich magisch ist!?

LOFT

in der Türkei

URBANE ABENTEUER

Das Hauptschlafzimmer ist mit einer luxuriösen Badewanne ausgestattet, in der man sich von den Abenteuern des Tages erholen kann.

Sich vom Bett aus am atemberaubenden Blick auf den Bosporus erfreuen, auf der Terrasse den ersten Kaffee des Tages genießen und dabei den vorbeiziehenden Schiffen hinterherschauen – all das und noch viel mehr bietet Taos Location im trendigen Chiangir-Viertel von Istanbul. Apropos Kaffee: Die Gourmet-Küche hier ist ein Paradies für Kaffeeliebhaber, denn sie ist ausgestattet mit einer Reihe von Kaffeemaschinen, die alle Wünsche erfüllen.

Die seit 2020 vermietete Unterkunft von Tao besteht aus zwei Wohnungen, die über eine Treppe miteinander verbunden sind. Das größere „Lofthaus" ist inspiriert vom architektonischen Erbe Istanbuls, seine raffinierte Farbpalette verbindet zeitgenössischen Stil mit dem zeitlosen Charme der urbanen Wohnhäuser der Stadt. Die zweite Wohnung, „The Retro", besteht aus nur einem Zimmer und fängt mit Vintage-Möbeln und Designelementen den ikonischen Charme der 1960er- und 1970er-Jahre ein. Alle Räume spiegeln die Leidenschaft eines türkischen Design-Enthusiasten wider und verströmen eine warme, einladende Atmosphäre.

„In unserer Location vereinen wir Komfort, Eleganz und persönlichen Service, um unseren Gästen einen unvergesslichen Aufenthalt zu bieten."

Die Mischung aus Vintage-Möbeln und Designelementen spiegelt den einzigartigen Kultur-Mix wider, der so typisch ist für Istanbul.

WO:
Istanbul, Türkei

VERMIETER:
Tao

LOCATION:
2 Wohnungen / 3 Schlafzimmer / 2 Wohnzimmer / 2 Küchen / 2 Badezimmer / Terrasse

KOSTEN:
€ € €

Gut geeignet für:
✓ Paare
✓ Familien
✓ Freundesgruppen

Anreisemöglichkeiten:
✓ Auto
✓ Zug
✓ Bus
✓ Flugzeug

Beste Reisezeit:
✓ ganzjährig

SCAN ME

Taos Loft ist nur wenige Schritte von den stilvollsten Cafés, Restaurants und kulturellen Hotspots entfernt, die Istanbul zu bieten hat. Nach einem kurzen Spaziergang erreicht man das Istanbul Modern Museum, in dem zeitgenössische nationale und internationale Kunst gezeigt wird. Auch das charmante Viertel Çukurcuma, das für seine Antiquitätenläden und seine lebendige Kulturszene bekannt ist, befindet sich in der Nähe.

Auf der 5. Etage befinden sich ein geräumiges Wohnzimmer und die Terrasse – beide mit Panoramablick auf das Meer.

Die Fassade des 1907 errichteten Jugendstilhauses Gauzendorfer zeichnet sich durch eine reiche Erker- und Balkongliederung aus.

STUDIO SKYLOFT

in Österreich

URBANE ABENTEUER

WO:
Wien, Österreich

VERMIETER:
Gaudi und Mariella

LOCATION:
Studio / 50 m² /
Dachterrasse

KOSTEN:
€ €

Gut geeignet für:
✓ Einzelreisende
✓ Paare

Anreisemöglichkeiten:
✓ Auto
✓ Zug
✓ Bus
✓ Flugzeug

Beste Reisezeit:
✓ ganzjährig

Das Highlight des lichtdurchfluteten Studios zwischen Schönbrunn und Stephansdom ist die 40 Quadratmeter große Dachterrasse. Diverse Sitzmöbel laden bei einem traumhaften Blick auf die Stadt zum Verweilen und Sonnenbaden ein. Eine reduzierte, geradlinig-elegante Einrichtung und die Verwendung hochwertiger Materialien zeichnen die Wohnung selbst aus, wobei die offene Gestaltung der Bereiche einen großartigen Ausblick ermöglicht.

Das „Skyloft" befindet sich im neu ausgebauten Dachgeschoss des Gaudenzdorfers, eines im Jahr 1907 erbauten Wiener Jugendstilhauses. Im Rahmen der Sanierung nach Originalplänen haben die Gastgeber Gaudi und Mariella darauf geachtet, die ursprünglichen Stilelemente weitestgehend beizubehalten und der Geschichte des Hauses treu zu bleiben. Namhafte Wiener Söhne und Töchter wohnten hier wie zum Beispiel der Liedermacher Georg Danzer, der dem Haus sogar ein Lied gewidmet hat.

Möchte man die Location als eine Wiener Kaffeehausspezialität beschreiben, wäre es die Wiener Melange – eine gelungene Mischung, bei der ein wunderschöner klassischer Altbau auf ein modern gestaltetes Studio im neu errichteten Dachgeschoss trifft. Gelegenheiten, eine echte Wiener Melange zu genießen, gibt es viele, denn das Studio befindet sich in Laufentfernung zum Stadtzentrum mit seinen zahlreichen traditionellen Kaffeehäusern.

SCAN ME

Im hinteren Bereich der Wohnung befindet sich ein Arbeitsplatz, der einen fantastischen Fernblick in Richtung Wiener Innenstadt bietet.

„Unsere Gäste schätzen insbesondere die große Dachterrasse, die einen fantastischen Ausblick über die Stadt bietet – eine Seltenheit in Wien."

BERG- UND WALD-
IDYLLE

WO:
Obergesteln, Schweiz

VERMIETERIN:
Maya

LOCATION:
Holzhütte / Außenbett / Balkon / Garten

KOSTEN:
€ € €

Gut geeignet für:
✓ Einzelreisende
✓ Paare
✓ Familien
✓ Freundesgruppen
✓ Reisende mit Haustier

Anreisemöglichkeiten:
✓ Auto

Beste Reisezeit:
✓ Sommer
✓ Herbst

SCAN ME

NATUR-LODGE GADESTATT

in der Schweiz

BERG- UND WALDIDYLLE

Während des Aufenthalts gehört die Hütte allein den Gästen.

Ein besonderes Highlight ist das romantische Außenbett inmitten der traumhaften Berglandschaft.

Seit 2017 heißt Maya Gäste in ihrer Glamping-Naturlodge Gadestatt willkommen, wo ein wundervolles Naturerlebnis auf sie wartet. Auf Gadestatt gibt es weder Strom noch WLAN, wodurch die Gäste vollkommen in den Rhythmus der Natur eintauchen können. Dieser idyllische Rückzugsort ist perfekt für Honeymooner, Naturliebhaber und Ruhesuchende, die unter dem weiten Sternenhimmel die Stille genießen möchten.

Gadestatt ist ein traditionelles Maiensäss, ein kulturelles Erbe der Schweiz. Diese einfachen, aber charaktervollen Holzhäuser wurden früher von Hirten genutzt, die hier im Sommer ihre Kühe hüteten und aus der frischen Milch Käse herstellten. Heute ist Gadestatt ein unvergleichlicher Rückzugsort, der von Maya mit viel Liebe zum Detail ausgestattet wurde. Auch heute gibt es hier noch frischen Käse, von Maya persönlich zum Frühstück serviert. Daneben gibt es gute Restaurants und Lebensmittelgeschäfte in der Nähe.

Maya kommt gern mit ihren Gästen ins Gespräch und gibt Tipps für die schönsten Wander- und Biketouren, die direkt von der Hütte aus gestartet werden können. Die Besucher schätzen sie als außerordentlich warmherzige Gastgeberin, die den Aufenthalt zu einem unvergesslichen Erlebnis macht.

„Meine Gäste lieben die exklusive, sonnige Lage und den traumhaften Ausblick auf die Berge."

Die Mirror Houses wurden von Peter Pichler entworfen, der weltweit bekannt ist für seine spektakulären Häuser.

MIRROR HOUSES

in Italien

WO:
Bozen, Südtirol, Italien

VERMIETERIN:
Sabina Angela

LOCATION:
Tiny House / 45 m² /
1 Schlafzimmer /
Terrasse / Garten / Pool

KOSTEN:
€ €

Gut geeignet für:
✓ Einzelreisende
✓ Paare
✓ Familien
✓ Freundesgruppen

Anreisemöglichkeiten:
✓ Auto
✓ Zug
✓ Bus
✓ Flugzeug

Beste Reisezeit:
✓ ganzjährig

SCAN ME

SCAN ME

„Die Mirror Houses sind ideal für architekturbegeisterte Naturliebhaber, die ihren Freiraum und ein genussvolles Leben schätzen."

Diese spektakuläre Location im Herzen der Südtiroler Dolomiten umfasst zwei Tiny Houses, umgeben von Apfelbäumen. Entworfen vom Architekten Peter Pichler, bieten die Mirror Houses die einzigartige Chance, in einer wunderschönen Landschaft einen unvergesslichen Urlaub in zeitgenössischer Architektur auf höchstem Niveau zu verbringen. Man kann sich an den ständig wechselnden Spiegelungen gar nicht satt sehen! Gastgeberin Sabina Angela gefallen besonders die Dachfenster direkt über dem Bett, weil sie einem fast das Gefühl geben, im Freien zu schlafen und eins mit der Natur zu sein.

In den Sommermonaten steht den Gästen der Pool mitsamt kleiner Poolbar zur Verfügung.

Die Mirror Houses befinden sich in Südtirol, das bekannt ist für atemberaubende Landschaften, kulinarische Köstlichkeiten, vor allem exquisite Weine, sowie unzählige Möglichkeiten für Outdoor-Aktivitäten. Das sind neben Schwimmen im hauseigenen Pool natürlich Wandern und Radfahren. Bozen, die charmante Hauptstadt Südtirols, ist mit dem Auto nur eine Viertelstunde entfernt, bietet eine besondere Mischung aus italienischer und österreichischer Kultur und lädt zum Schlendern und Genießen ein.

„Wir haben einen besonderen Rückzugsort inmitten der norwegischen Natur geschaffen."

BERG- UND WALDIDYLLE

BIRDBOX

in Norwegen

Es gibt Gäste, die gezielt in der Herbst- und Wintersaison anreisen, um das Farbenspiel oder den Schnee zu genießen. In der Umgebung gibt es Skiloipen. Langlaufski und Schneeschuhe können bei Siv kostenlos ausgeliehen werden.

WO:
Langeland, Norwegen

VERMIETERIN:
Siv

LOCATION:
1 Zimmer / 1 WC-Häuschen

KOSTEN:
€ €

Gut geeignet für:
✓ Einzelreisende
✓ Paare
✓ Familien mit 1 Kind

Anreisemöglichkeiten
✓ Fuß

Beste Reisezeit:
✓ ganzjährig

SCAN ME

In der spektakulären Birdbox, gelegen mitten in einer Berglandschaft und nur durch einen etwa 45-minütigen Fußmarsch zu erreichen, ist der Alltag weit weg. Zum Klang von Vogelstimmen, Wind und Regen wird in der gemütlichen, von einer Fußbodenheizung erwärmten Location ganz sicher schnell innere Ruhe einkehren, während einem die Aussicht den Atem raubt – durch die großen Fenster genießt man einen unvergesslichen 360°-Blick auf die Berge. Wandern, Spazierengehen oder Schwimmen im nahe gelegenen See bieten ein intensives Naturerlebnis.

Es besteht die Möglichkeit, Essen in die Hütte zu bestellen, das von einer Köchin aus der Gegend mit lokalen Zutaten zubereitet wird.

In den 1950er-Jahren stand dort, wo seit 2020 Gäste in der Birdbox Langeland unterkommen können, eine Militärhütte. Die Hütte, ehemals ein Wachturm für einen Außenposten, war eingestürzt und Siv und ihr Mann haben sie irgendwann abgebaut. Ihre Birdbox, die ihren Namen ihrer optischen Ähnlichkeit mit einem Nistkasten verdankt, wurde dann mit einem Hubschrauber eingeflogen und platziert – eine spektakuläre Aktion!

Die nächstgelegene Stadt mit Läden für den täglichen Bedarf, Geschäften und Restaurants ist Førde, 15 Minuten vom Autostellplatz entfernt. Im Juli beim internationalen Førdefestivalen kann man hier sogar berühmte Folkmusic-Künstlerinnen und Künstler erleben. In die größere Stadt Bergen braucht man mit dem Auto oder dem Bus vom Stellplatz aus etwa 3 Stunden. Wer mit öffentlichen Verkehrsmitteln oder dem Flugzeug anreist, wird von Siv abgeholt. Sie zeigt ihren Gästen auch gerne den Fußweg zur Birdbox.

BAUMHAUS COCOON PLUME

in Frankreich

Im 38 °C warmen Whirlpool mit Panoramablick in die Baumwipfel lässt es sich bestens entspannen.

WO:
Rosoy-en-Multien,
Frankreich

VERMIETERIN:
Axelle

LOCATION:
Baumhaus / 10 m² /
1 Schlafzimmer / Terrasse /
Jacuzzi / Bad-Hütte / Pool

KOSTEN:
€ €

Gut geeignet für:
✓ Einzelreisende
✓ Paare

Anreisemöglichkeiten:
✓ Auto
✓ Zug
✓ Flugzeug

Beste Reisezeit:
✓ Frühling
✓ Sommer
✓ Herbst

SCAN ME

„Unser ‚Cocoon Plume' bietet Gästen ein magisches Baumhaus-Abenteuer in luftiger Höhe, eingebettet in die friedliche Stille der Natur."

In 5 Metern Höhe, im Herzen eines 9 Hektar großen Waldes, lädt ein an sieben Stahldrähten hängender, kugelrunder Kokon aus Holz Gäste zu einem einzigartigen Glamping-Erlebnis ein. Und das Abenteuer startet sofort: Es braucht schon ein bisschen Abenteuerlust, um über das große Netz in den Kokon hineinzuklettern! Erst einmal angekommen, gibt vom runden Bett aus ein Fenster an der Decke den Blick auf die Baumwipfel und den Sternenhimmel frei – Romantik pur! Dazu singen die Vögel und man fühlt sich selbst wie in einem Nest geborgen.

Am Morgen stellt Axelles Team den mit regionalen Produkten reich gefüllten Frühstückskorb am Fuß der Hütte ab, den die Gäste mit einem Flaschenzug heraufholen. Auf der Terrasse, die über eine Holztreppe zu erklimmen ist, gibt es Platz für ein gemütliches Frühstück. Dort befindet sich auch ein Jacuzzi, in dem sich die Gäste vor der traumhaften Waldkulisse wunderbar entspannen können.

2017 kauften Axelle und ihr Bruder das Gelände im Bois de Rosoy, das übrigens ehemals ein FKK-Campingplatz war, und verteilten 25 originelle Unterkünfte darauf. Die Gastgeberin empfiehlt als Reisezeit vor allem den Herbst mit seiner spektakulären Laubfärbung und Temperaturen, die im September oder Anfang Oktober oft sogar milder sind als zu Beginn des Frühlings.

Wer das kuschelige Nest doch einmal verlassen will, findet rund um den Bois de Rosoy zahlreiche touristische Sehenswürdigkeiten. Mittelalterliche Städte und Schlösser, Weingüter, ein Steinbruch, die Städte Reims und Paris sowie die bekanntesten Freizeitparks Frankreichs sind im Rahmen von Tagesausflügen gut erreichbar.

Der französische Name „Cocoon Plume" besteht aus den beiden Bestandteilen „Kokon" und „Feder". In diesem Kokon fühlt man sich tatsächlich wie in einem Vogelnest.

TINY HOUSE POSED VINICA

in der Slowakei

Das Bett auf der Wiese beschreiben viele Gäste als ihren absoluten Lieblingsplatz.

WO:
Modra, Slowakei

VERMIETERIN:
Lenka

LOCATION:
Tiny House / 8 m² /
1 Zimmer / Outdoor-Bad /
Outdoor-Bett /
WC-Häuschen

KOSTEN:
€

Gut geeignet für:
✓ Einzelreisende
✓ Paare
✓ Familien
✓ Reisende mit Haustier

Anreisemöglichkeiten:
✓ Auto
✓ Bus
✓ Flugzeug

Beste Reisezeit:
✓ ganzjährig

SCAN ME

Das autarke Tiny House ist mit einem Solarpanel und einem Wassertank ausgestattet.

8 Quadratmeter pures Glück verspricht Lenkas außergewöhnliches Tiny House mitten im Wald am östlichen Fuß der kleinen Karpaten. Perfekt durchdacht und mit liebevollen Details ausgestattet, hat Lenka ein kleines romantisches Refugium in der Natur geschaffen. Besonders gefällt den Gästen der traumhafte Ausblick, der zu jeder Tages- und Jahreszeit bezaubert, und über die Weinberge bis zur kleinen Stadt Modra reicht.

Lenka hat ihr Tiny House Posed Vinica genannt, was „Hochsitz in den Weinbergen" bedeutet. Der Weinberg unterhalb der Unterkunft befindet sich seit vielen Jahren in Familienbesitz, und so wird jeder Gast mit einer Flasche Wein aus dem eigenen Weinberg begrüßt. Die Gäste können im Herbst sogar nicht nur Wein verkosten, sondern auch tatkräftig bei der Weinlese mithelfen!

Das Zentrum der malerischen historischen Winzerstadt Modra ist in nur 15 Gehminuten erreichbar. Hier finden die Gäste nicht nur Geschäfte für den täglichen Bedarf, sondern auch ausgezeichnete Restaurants und Weinkeller. Zurück im Tiny House lassen sich dann wieder die friedliche Stille und der Blick in den nächtlichen Sternenhimmel genießen.

„Ich wünsche mir, dass meine Gäste in meinem kleinen Haus große Ruhe finden."

ÖKO-HAUS ATRI

in Schweden

BERG- UND WALDIDYLLE

Das Öko-Haus wurde bereits in verschiedenen Architekturzeitschriften und sogar im deutschen Fernsehen vorgestellt. Auch alle Gäste geben nur Bestnoten für ihren Aufenthalt.

WO:
Brålanda, Schweden

VERMIETER:
Naturvillan

LOCATION:
Haus / 250 m², davon 80 m² beheizt / 3 Schlafzimmer / Kamin / Whirlpool / Dachterrasse / Garten

KOSTEN:
€ € €

Gut geeignet für:
✓ Einzelreisende
✓ Paare
✓ Familien
✓ Freundesgruppen
✓ Reisende mit Mobilitätseinschränkung

Anreisemöglichkeiten:
✓ Auto

Beste Reisezeit:
✓ Frühling
✓ Sommer
✓ Herbst

SCAN ME

„Willkommen im Haus der Zukunft! Netzunabhängig mit eigener Energie- und Lebensmittelproduktion, ist ‚Atri' eines der umweltfreundlichsten und nachhaltigsten Häuser der Welt."

Das dreieckige Haus aus Glas und Holz inmitten eines Kiefernwalds zieht sofort alle Blicke auf sich. Niklas und Anders von „Naturvillan" haben es entworfen, weil sie zeigen wollten, dass ein Leben mit einem minimalen ökologischen Fußabdruck trotzdem luxuriös sein kann. Mit Materialien wie Holz und Glas, die sie aufgrund derer nachhaltiger Eigenschaften – Stärke, Langlebigkeit, Wiederverwertbarkeit – ausgewählt haben, sowie dem integrierten Gewächshaus haben die beiden ein mediterranes Paradies in nordeuropäischer Umgebung geschaffen. Menschen, die von einem autarken Leben im Einklang mit der Natur träumen, haben hier die Möglichkeit, genau dies im Rahmen eines Urlaubs zu erleben.

Die Dachterrasse und einige der Zimmer eröffnen einen unvergleichlichen Panoramablick auf den Wald und den Vänern, Schwedens größten See, der zum Beispiel zu Kanutouren einlädt. Die umliegenden Wälder mit ihrer üppigen Flora und Fauna sind ideal für Naturspaziergänge und Tierbeobachtungen. So können die Gäste den Alltagstrubel hinter sich lassen und in der erholsamen schwedischen Natur zur Ruhe kommen.

Der Name „Atri" bezieht sich unter anderem auf das große Atrium, das einem das Gefühl gibt, drinnen und draußen zugleich zu sein.

TAGE AM MEER

Die verschiedenen Ebenen der Villa sind kreativ durch unterschiedliche Treppen miteinander verbunden.

DESIGNERVILLA CASA DEL DRAGÓN

in Spanien

WO:
Salobreña, Spanien

VERMIETER:
Bogdan

LOCATION:
Villa / 270 m² / 3 Schlafzimmer / 3 Badezimmer

KOSTEN:
€ € € €

Gut geeignet für:
✓ Paare
✓ Familien
✓ Freundesgruppen

Anreisemöglichkeiten:
✓ Auto
✓ Zug
✓ Bus
✓ Flugzeug

Beste Reisezeit:
✓ ganzjährig

Die „Casa del Dragón" wurde in internationalen Architektur- und Designpublikationen und Film-Dokumentationen beschrieben und hat sich zu einem Foto-Spot für Fans einzigartiger Ästhetik entwickelt.

Ein Urlaub in dieser Design-Villa vereint alles, was man von einem einzigartigen und unvergesslichen Aufenthalt erwarten kann: eine spektakuläre architektonische Gestaltung, eine besondere Atmosphäre und einzigartige Ausblicke auf das Mittelmeer, die man mit der Familie oder im Freundeskreis teilen kann. Das Haus auf zwei Ebenen ist in die Felsen gebaut und von jedem Zimmer aus gibt es atemberaubende Meerblicke zu genießen – fast so, als sei man an Bord eines luxuriösen Kreuzfahrtschiffes.

Der Traum eines jungen Paares, ein Haus am Meer zu besitzen, ist mit der „Casa del Dragón" wahr geworden. Für das 725 Quadratmeter große Grundstück mit einer Neigung von 42 Grad erdachte das Architekturbüro GilBartolomé Arquitectos diesen innovativen,

„Casa del Dragón ist ein architektonisches Kunstwerk, bei dem jedes Detail, vom Design bis zur Funktionalität, sorgfältig aufeinander abgestimmt wurde, um unseren Gästen ein unvergleichliches Urlaubserlebnis zu bieten."

Das auf zwei Ebenen errichtete Haus fügt sich nahtlos in die Berglandschaft ein.

futuristischen Entwurf, der das Haus perfekt in die Landschaft integrierte und mit viel Mühe und Arbeit schließlich umgesetzt wurde – welch ein Glück sowohl für die Gäste als auch für viele Menschen, die sich am Anblick des Hauses von außen erfreuen!

Das Dach ist das absolute Highlight der Villa und ein technisches Meisterwerk. Die mit Zinkplatten bedeckten, markanten Kurven erinnern an die Schuppen eines Drachen, woher auch der Name Casa del Dragón stammt. Und auch die Inneneinrichtung ist außergewöhnlich: Viele Möbelstücke wurden speziell für die Villa entworfen und vereinen Komfort und Ästhetik auf wunderbare Weise. Der 150 Quadratmeter große, multifunktionale Küchen- und Wohnraum ist perfekt für Feste und Veranstaltungen für bis zu 70 Personen, die weitläufige Poolterrasse lädt zu Barbecues bei Sonnenuntergang ein.

Die Costa Tropical bietet zahlreiche Möglichkeiten für abwechslungsreiche Freizeitbeschäftigungen zu Wasser und zu Lande. Abenteuerlustige können mit dem Kajak an versteckte Orte wie die Klippen von Maro paddeln, ein kleines Paradies, das man nur vom Wasser aus erkunden kann. Wer gerne Golf oder Tennis spielt, kann sich ganz in der Nähe auf einem erstklassigen Platz der Herausforderung stellen, und in der Sierra Nevada ist sogar Skifahren möglich.

TRULLO TOPOLINO

in Italien

Dieses Juwel aus weißem Stein ist Teil eines Renovierungsprojekts, das sich der Tradition der Region verpflichtet sieht, aber auch die Zukunft im Blick hat.

WO:
Locorotondo, Italien

VERMIETER:
„Palmitrulli“

LOCATION:
Trullo / 3 Schlafzimmer / Garten / Jacuzzi

KOSTEN:
€ €

Gut geeignet für:
✓ Einzelreisende
✓ Paare
✓ Familien
✓ Freundesgruppen
✓ Reisende mit Haustier

Anreisemöglichkeiten:
✓ Auto
✓ Zug
✓ Bus
✓ Flugzeug

Beste Reisezeit:
✓ Frühling
✓ Sommer

SCAN ME

„Das strahlende Weiß des traditionellen Hauses, das satte Grün der Olivenhaine und das tiefblaue Meer bilden eine bezaubernde Urlaubskulisse.“

Leonardos Unterkunft ist ein Trullo, die traditionellste Häuser-Art im Itria-Tal. Trulli, die auch zum UNESCO-Welterbe gehören, sind traditionelle apulische Rundhäuser mit einem kegelförmigen Dach, das aus Kalksteinplatten ohne Mörtel gebaut wird. Durch ihre Bauweise aus massivem Naturstein mit sehr dicken Wänden und kleinen Fenstern bieten die Trulli einen guten Schutz gegen Hitze.

Wie es zu dem Namen Trullo Topolino kam? In dieser Region war es üblich, dass sich die Menschen Spitznamen gaben, die sogar oft wichtiger waren als die Nachnamen. Der Spitzname des ursprünglichen Besitzers lautete Topolino, „nette kleine Maus“, weil er ein kleiner, lebhafter und fleißiger Mann war. Ihm zu Ehren hat Leonardo sein Haus so benannt. Seit 2022 beherbergt er Gäste hier, die von ihrem Aufenthalt schwärmen, weil er eine kleine Reise in die Vergangenheit verbunden mit modernem Komfort ermöglicht.

In fünf Minuten erreicht man mit dem Auto den malerischen Ort Locorotondo, der mit seiner kreisrunden Altstadt zu den schönsten Dörfern Italiens zählt.

Ein besonderes Highlight, das Leonardo seinen Gästen gerne bietet, ist die gemeinsame Zubereitung von Friselle con pomodoro e origano. Die traditionelle apulische Spezialität besteht aus rundem, knusprigem Brot, das mit frischen Tomaten, Salz, Oregano und nativem Olivenöl veredelt wird. In der bäuerlichen Tradition waren Friselle einst die häufigste Mahlzeit und ihre Zubereitung ist auch heute noch ein Ritual, das besonderen Regeln folgt.

Der Aufenthalt in einem traditionellen Trullo ist ein absolutes Muss, wenn man in Apulien ist.

Der Turm wurde in Anlehnung an die Hauptkirche in Marbellas Altstadt gestaltet.

TOWER HOUSE

in Spanien

Auf dem kleinen Balkon können die Gäste mit einem kleinen Frühstück in den Tag starten – aber auch der Abend kann hier beim Sonnenuntergang wunderbar ausklingen.

In einem der begehrtesten Viertel der Goldenen Meile von Marbella gelegen, nur fünf Autominuten vom Strand entfernt und unweit von Restaurants und Cafés, thront Angies spektakuläres Tower House. Es ist perfekt für Paare, die hier einen unvergesslichen Urlaub verbringen möchten, oder für Alleinreisende, die einen besonderen Rückzugsort suchen. Angie bekommt von ihren Gästen nur Bestnoten für ihre persönliche Betreuung und das Turmhaus.

Der schmale Turm gliedert sich in drei Etagen und besticht in der Einrichtung mit seinem spanischen Charme und hochwertigen Annehmlichkeiten, wie zum Beispiel einem Schallplattenspieler und einer feinen Musikauswahl. Vom Schlafzimmer im dritten Stock aus ist der 360-Grad-Blick auf die Stadt, die Berge und das Meer einfach atemberaubend! An klaren Tagen kann man sogar bis nach Gibraltar und Marokko schauen.

„Wir teilen unser Zuhause mit unseren Gästen und wünschen uns, dass es für sie ein schönes Zuhause auf Zeit wird."

WO:
Marbella, Spanien

VERMIETERIN:
Angie
Instagram:
@marbellatowerhouse

LOCATION:
Turm / 1 Wohnzimmer / 1 Schlafzimmer / Balkon / Garten / Gemeinschaftspool

KOSTEN:
€ €

Gut geeignet für:
✓ Einzelreisende
✓ Paare

Anreisemöglichkeiten:
✓ Auto
✓ Bus
✓ Flugzeug

Beste Reisezeit:
✓ ganzjährig

SCAN ME

Angie empfiehlt, ein Fahrrad zu mieten, um die Strandpromenade und die Umgebung zu erkunden. Die schöne Altstadt ist zu Fuß in etwa 25 Minuten zu erreichen. Die nahen Berge bieten sich für Wanderungen an, es gibt viele Golfplätze in der Nähe und natürlich ist Marbella ein Paradies für Wassersportbegeisterte.

WINDMÜHLEN

in Griechenland

Der Hang, an dem die insgesamt drei Windmühlen thronen, ist nur im Frühling von solch üppigem Grün bedeckt.

„Die Einzigartigkeit unserer Windmühlen-Villas, die Schönheit der Insel und die besondere griechische Gastfreundschaft werden unseren Gästen unvergessliche Urlaubserinnerungen schenken."

Ein Urlaub auf der griechischen Insel Santorin ist schon ein Traum an sich – aber wenn eine der Windmühlen-Villen von Nikos das Zuhause auf Zeit ist, wird der Aufenthalt zu einem unvergesslichen Erlebnis! Hier genießen die Gäste nicht nur atemberaubende Panoramablicke auf die Ägäis und die umliegenden Weinberge von der eigenen Sonnenterrasse aus, sondern auch den Luxus eines privaten Pools mit Massagedüsen sowie die stilvolle, minimalistische Einrichtung der Villa.

WO:
Imerovigli, Santorin, Griechenland

VERMIETER:
Nikos

LOCATION:
Windmühle / 85 m² / 2 Schlafzimmer / 3 Badezimmer / Terrasse / Pool / Garten

KOSTEN:
€ € €

Gut geeignet für:
✓ Einzelreisende
✓ Paare
✓ Familien
✓ Freundesgruppen

Anreisemöglichkeiten:
✓ Auto
✓ Bus
✓ Flugzeug
✓ Boot

Beste Reisezeit:
✓ Frühling
✓ Sommer
✓ Herbst

Grüne Windmühle:

SCAN ME

Blaue Windmühle:

SCAN ME

Fliederfarbene Windmühle:

SCAN ME

Das 300 Quadratmeter große Anwesen mit Olivenbäumen und Spielgeräten für Kinder bietet ausreichend Raum für Entspannung und Abenteuer. Der Tag startet mit einem köstlichen Frühstück, serviert von Nikos selbst. Seine Gäste beschreiben ihn als fantastischen Gastgeber, der die besten Tipps für Ausflüge und Restaurants bereithält. Über ihn können auch luxuriöse Verwöhnerlebnisse vor Ort gebucht werden, wie Massagen oder ein Koch, der ein besonderes Menü für die Gäste zaubert.

Die Villen bieten eine Mischung aus minimalistischem Design und Luxus.

Auch die Gelegenheit zu einer privaten Open-Air-Kinovorführung auf einer 150-Zoll-Leinwand ist ein besonderes Highlight, das man sich nicht entgehen lassen sollte. Das Freiluftkino befindet sich in einem wirklich einzigartigen Garten, umgeben von fünf Jahrhunderte alten Olivenbäumen, farbenfrohen Bougainvilleas, Jasmin und Lavendel.

Ein Urlaub in Nikos' Windmühlen ist ideal für Hochzeitspaare oder Freundesgruppen, und auch Familien finden es toll hier, denn die Villen sind kindersicher ausgestattet.

Die Schönheit Santorins lässt sich wunderbar auf zahlreichen Wander- und Radwegen erkunden. Das blaue Meer lädt zum Schwimmen, Tauchen, Schnorcheln und Segeln ein. In der nahe gelegenen Hauptstadt Fira und dem malerischen Ort Ia können Besucher charmante Gassen, traditionelle Tavernen und vieles mehr entdecken.

WO:
Datça, Türkei

VERMIETER:
Cem
Instagram:
@earthhouseretreat

LOCATION:
Erdhaus / 65 m² /
2 Zimmer / 1 Badezimmer /
Kamin / Garten

KOSTEN:
€

Gut geeignet für:
✓ Einzelreisende
✓ Paare
✓ Reisende mit Haustier

Anreisemöglichkeiten:
✓ Auto
✓ Flugzeug

Beste Reisezeit:
✓ ganzjährig

SCAN ME

TAGE AM MEER

EARTHHOUSE RETREAT DATÇA

in der Türkei

Ein 10 bis 15 Minuten dauernder Fußweg führt den Hang hinab zu einem schönen Strand.

„Viele meiner Gäste reisen spürbar anders ab, als sie angekommen sind. Ich sehe es an ihren offenen Augen, ihrem entspannten Lächeln …
Das macht mein Erdhaus für mich zu einem echten Rückzugsort."

Wer einen Rückzugsort im wahrsten Sinne des Wortes sucht, ist bei Cem genau richtig. Für ihn bedeutet Rückzug, in eine tiefe Verbindung mit dem eigenen Sein zu kommen. Um das zu erreichen, sollten die äußeren Bedingungen so einfach und still wie möglich sein. Deshalb hat er sein „Earthhouse Retreat Datça" im Laufe von zwei Jahren mit traditionellen Baumethoden und -materialien selbst gebaut. Seit 2018 vermietet er es an Ruhe und Entspannung suchende Gäste aus der ganzen Welt.

Das Erdhaus ist Teil einer Gruppe von drei Häusern: eins für Gäste, eins für Cem selbst und in der Mitte ein Küchenhaus, das sich beide Parteien teilen. Cem führt dort ein einfaches, möglichst naturnahes Leben, von Beruf ist er Musiker. Er respektiert die Privatsphäre seiner Gäste, doch wer möchte, findet in ihm einen inspirierenden Gesprächspartner. So schätzen die Gäste an Cem seine besondere Gastfreundschaft, die weit über das Normalmaß hinausgeht.

Die Häuser sind traumhaft gelegen mit Blick aufs Mittelmeer inmitten von wilden Oliven- und Mandelbäumen, duftendem wild wachsendem Lavendel, Oregano und Salbei, um nur einige Pflanzen zu nennen. Wie wohltuend diese Landschaft ist, hat Cem vor ein paar Jahren erlebt, als eine Frau aus London nach ihrem einmonatigen Aufenthalt beschloss, ein Grundstück zu kaufen und sich dort niederzulassen. So ist aus einem Airbnb-Gast eine Nachbarin geworden!

Das Erdhaus ist minimalistisch eingerichtet, damit die Seele wirklich zur Ruhe kommen kann.

TAGE AM MEER

BEACHHOUSE CASA SAUDADE

in Portugal

„Die ‚Casa Saudade' ist für mich der perfekte Ort, um zur Ruhe zu kommen und Kraft zu tanken."

Mit einem Buch in der Hand und den Füßen im kalten Wasserbecken lässt es sich hier an heißen Sommertagen herrlich entspannen.

Salema ist ein authentisches, malerisches Fischerdorf an der sonnenverwöhnten Algarve, das mit seinem traumhaften Sandstrand begeistert – nicht umsonst wurde der Strand von der britischen Zeitung The Guardian auf Platz 15 der 50 weltweit schönsten Strände gewählt! Genau hier, nur 50 Meter vom Strand entfernt, hat sich Gastgeber Peter mit seinem Ferienhaus Casa Saudade einen Traum verwirklicht. Wer einmal hier war, den lässt die Saudade – in etwa „Sehnsucht" oder „Fernweh" – nach diesem Ort nicht mehr los. Das haben schon zahlreiche Gäste aus der ganzen Welt so erlebt, denn dankenswerterweise vermietet Peter das Haus, wenn er selbst nicht dort sein kann.

Das ehemalige Fischerhaus wurde von Peter mit architektonischen Highlights im marokkanischen Stil saniert und mit viel Liebe zum Detail ein-

WO:
Salema, Portugal

VERMIETER:
Peter

LOCATION:
Strandhaus / 50 m² /
2 Schlafzimmer / Sonnenterrasse / Innenhof

KOSTEN:
€ €

Gut geeignet für:
✓ Einzelreisende
✓ Paare
✓ Familien
✓ Freundesgruppen

Anreisemöglichkeiten:
✓ Auto
✓ Zug
✓ Bus
✓ Flugzeug

Beste Reisezeit:
✓ ganzjährig

SCAN ME

Jeder Schlafraum hat einen direkten Zugang zur Sonnenterrasse mit Loungemöbeln.

gerichtet. Das kleine, aber sehr feine Haus hat alles zu bieten, was das Herz begehrt: Der Eingang führt in einen offenen Küchen-, Wohn- und Essbereich, der den Blick auf einen oasenartigen Innenhof freigibt. Hier kann man seinen morgendlichen Kaffee im Halbschatten unter Palmen genießen, sich am Duft der Jasmins erfreuen und Pläne für den Tag schmieden.

Im Umkreis von 100 Metern um das Beachhouse finden sich hervorragende Restaurants, Bars, Shops sowie Verleihe für Kajaks und SUPs. Außerdem kann Fisch direkt aus dem Netz gekauft werden, frischer geht es nicht! Die abwechslungsreiche portugiesische Küste kann entweder an Land auf schönen Wanderwegen erkundet werden oder vom Meer aus mit Bootstouren, die am Strand starten.

TRADITIONELLES HAUS CASA ZULEIKA

in Italien

WO:
Quattropani, Lipari, Italien

VERMIETERIN:
Zuleika

LOCATION:
Haus / 1 Schlafzimmer / Außendusche / Terrasse

KOSTEN:
€

Gut geeignet für:
✓ Einzelreisende
✓ Paare
✓ Familien
✓ Reisende mit Haustier

Anreisemöglichkeiten:
✓ Auto
✓ Bus
✓ Fähre

Beste Reisezeit:
✓ ganzjährig

SCAN ME

„Wir wünschen uns, dass die ‚Casa Zuleika' für unsere Gäste eine friedliche Oase der Entspannung ist."

Die „Casa Zuleika" befindet sich in absolut ruhiger Lage am Ende einer kleinen Straße und ist umgeben von duftenden Zitronen- und Orangenbäumen, Kaktusfeigen, wildem Fenchel und blühenden Kapernbüschen. Die Vögel singen, ab and an streift eine Katze vorbei … Ansonsten gibt es nur den atemberaubenden Blick aufs Meer und den Sonnenuntergang. Der Name des kleinen Hauses ist inspiriert von Zuleikas Vorname, die nach einem Liebesgedicht von Lord Byron benannt wurde, und unterstreicht zusätzlich das romantische Ambiente dieses traumhaft gelegenen Hauses.

Von der gemütlichen Terrasse aus erstreckt sich der traumhafte Blick weit über das Meer zu den anderen Äolischen Inseln.

Das Wohnzimmer ist geschmackvoll im Vintage-Stil eingerichtet.

Das traditionelle sizilianische Haus hat eine außergewöhnliche Geschichte: Im 19. Jahrhundert – zu einer Zeit, in der der Besitz von Wohneigentum durch Frauen auf der Insel praktisch unbekannt war – gehörte es einer Pionierin der Fischerei. Durch seine abgelegene Lage auf den Klippen war es damals nur mit einer Pferdekutsche, auf einem Esel oder zu Fuß zu erreichen; genau das trägt auch heute noch zu seiner Faszination bei und versetzt die Gäste zurück in eine vergangene Epoche des Insellebens. Zum Glück gibt es heute mehr Komfort!

Malerische Wanderungen, die vom Olivenhain der „Casa Zuleika" ausgehen, führen durch die vulkanische Landschaft mit ihrer üppigen Vegetation und das Lipari-Museum gibt einen faszinierenden Einblick in die Vergangenheit der Insel. Außerdem können von hier aus gut auch die anderen Äolischen Inseln erkundet werden. Viele Gäste schreiben, dass das traditionelle Haus für sie zu den schönsten Urlaubsunterkünften gehöre, in denen sie je waren – das macht doch sofort Lust auf eine Reise in den sonnigen Süden Italiens!

Impressum

TEXTE UND REDAKTION: Annette Gerstenkorn

FOTOS: S. 10–15: Schloss Arenfels; S. 16–19: Marjolein van Bokhoven; S. 20–25: Anjana; S. 26–29: Ricardo Marcelino; S. 30–33: Weronika Łopata-Rajkowska; S. 34–39: Nele Colaert; S. 40–43: Paul de Cock; S. 46–51: Arilíus Marselínuson; S. 52–55: Patrycja Antonik, Rudolfa Weigla; S. 56 59: Thomas Sonntag; S. 60–65: Cathal Fegan; S. 66–71: Mette Rostad; S. 72–75: Mauro Pigino; S. 76–79: Anne Ohlendorf; S. 82–87: Anitta Behrendt, Sanja Alexandra; S. 88–91: Stephen Woods; S. 92–97: Kai v. Ahlefeld; S. 98–101: Aleksandra Dermont; S. 102–107: Taha Akkafa; S. 108–111: Nikola Martinovic; S. 114–117: Claudschgi; S. 118–121: Tiberio Sorvillo; S. 122–125: Siv Graberg; S. 126, 127: @seasons production; S. 128 oben: @jordansapally; S. 128 unten: HPA Forest; S. 130–133: Lenka; S. 134–137: Marcus Eliasson, Eliasson Event; S. 140–143: Bogdan Gabriel; S. 144–147: Pierpaolo Palmisano; S. 148–153: Angie Liu; S. 154–161: Nikos Levitis; S. 162–165: Cem Tan; S. 166–171: Peter; S. 172–175: Zuleika Conte

PRODUKTMANAGEMENT UND KORREKTORAT: Stephanie Iber

COVERGESTALTUNG: Lena Sofie Schmitt unter Verwendung von Bildern von Siv Graberg (oben), Bogdan Gabriel (unten links), Ricardo Marcelino (unten rechts)

LAYOUT: Katrin Röhlig

SATZ: FSM Premedia, Nina Benjamins

DRUCK UND BINDUNG: PNB Print Ltd, Lettland

1. Auflage 2024

ISBN 978-3-7358-5276-2 • Best.-Nr. 25276

FSC www.fsc.org MIX Papier | Fördert gute Waldnutzung FSC® C084698